D1710302

36

PALEONTOLOGICAL
RESEARCH INSTITUTION

PRI APPROVED

Dinosaur Name Poems

—

Poemas de Nombres de Dinosaurios

Written by / Escrito por:

Steven C. Cunningham, M.D.

Translated by / Traducido por:

Myriam Gorospe, Ph.D.

Illustrated by / Ilustrado por:

Valeska M. Populoh, B.F.A, M.A.T.

3₿

Three Conditions Press is a Maryland
State Poetry Literary Society subsidiary.

ISBN 978-0-9721241-6-4

Three Conditions Press
P.O. Drawer 9492
Baltimore, MD 21228

www.threeconditionspress.org

Printed by
BOOKMASTERS, INC.
30 Amberwood Parkway
Ashland, OH 44805

Print run: JOB #M6139

May 2009

The author would like to thank:

Dr. Richard Kissel, paleontologist
and co-author of Evolving Planet:
Four Billion Years of Life on Earth
(Henry N. Abrams Inc, 2008) for
content review

Peter Quinn and Guenet Abraham
for graphic design

Rosemary Klein, publisher and editor,
for years of poetic support, guidance,
and inspiration

For children - our future -
especially my children,
Lucas, Ana, Amaya, and Matteo,
especially Lucas Mario,
who inspired this book,
and for my mother and my wife,
the two people to whom I owe
the most thanks.

Para los niños - nuestro futuro -
especialmente mis hijos,
Lucas, Ana, Amaya y Matteo,
sobre todo Lucas Mario,
que me inspiró a escribir este libro,
y para mi madre y mi esposa,
las dos personas a quienes
estoy más agradecido.

Dinosaur Name Poems
-
Poemas de Nombres de Dinosaurios

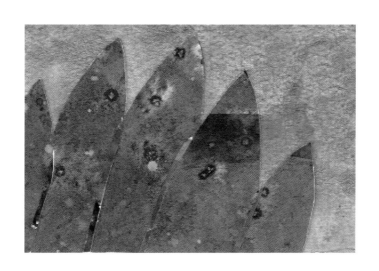

Stegosaurus

"Plated Lizard," I know that you're an herbivore
and would not eat a child like me,
since you prefer the forest floor,
and munching plants like broccoli.

"Lagarto con Placas," herbívoro eres
y jamás me comerías a mí,
porque prefieres tus hierbas y flores,
y el brócoli te hace feliz.

Oviraptor

"Egg Thief," how despicable of you to steal
the young of others for your meal.
Couldn't you find something else to eat,
some other, more defensible meat?
The next time you feel a thieving urge arise,
just pick on somebody who's more your size!

"Ladrón de Huevos," es de avergonzar
que robes crías de otros para almorzar.
¿No podías buscar otra cosa para comer?
¿alguna otra presa que se pudiera defender?
La próxima vez que estés hambriento,
¡busca a lguien de tu tamaño como alimento!

Maiasaura

"Mother Lizardess," you nurtured your young,
bathed them sweetly clean with your tongue,
and we know that you stayed by your nests,
always on the watch for unwanted guests,
because covered in volcanic rock we found
groups of your bones by eggs in a mound,
in ancient Montana thousands of you
all camped together, and who knew,
that a volcano and not an oviraptor
would write your final molten chapter.

"Madre Lagarta," tus crías mimabas,
con tu lengua las cuidabas y lavabas,
y permanecías junto a tu nido,
para ahuyentar a todo enemigo,
porque en roca volcánica cubiertos
estaban tus huesos y huevos y restos;
miles de los tuyos en Montana, dice algún experto,
como una gran familia. Y añaden con acierto,
que no fue un oviraptor quien acabó con tu gente,
sino la lava fundida de un gran volcán rugiente.

Teratosaurus

(to the tune of "Happy Birthday")

You're a "Monster Lizard,"
You're a "Monster Lizard,"
You look like a monster,
and you eat like one too.

(al son de "Cumpleaños Feliz")

Monstruoso ejemplar
El lagarto sin par,
Comilón como nadie,
feo como el que más.

Ichthyornis

"Fish Bird," you are named
(but don't be ashamed)
for what you liked to eat.
If I were you, loving as I do,
all treats that are sweet,
including this confection,
a morsel of chocolate perfection,
that down my throat just slid,
they would call me "candy kid."

"Pez Pájaro," como supones
(espero que con orgullo)
te llaman por lo que comes.
Amigo, eres afortunado,
que si los bocados que yo engullo,
los dulces y chocolates que degusto,
hubieran mi nombre forjado,
todos me llamarían lo esperado,
"niño caramelo", ¡qué disgusto!

Troodon

"Wounding Tooth," "Wounding Tooth,"
don't you think it's a little uncouth
to go around brandishing teeth like saws,
their serrated edges growling from jaws,
gobbling up whatever's in sight
giving kids like me a fright,
saliva dripping all over the floor,
I'm sure glad you're here no more!

"Diente Hiriente," "Diente Hiriente,"
¿No crees que es poco considerado
corretear entre gente inocente
blandiendo tus dientes serrado?
Te tragas todo lo que ves,
nos tiemblan hasta los pies,
babeando lo dejas todo perdido,
¡Me alegro de que te hayas extinguido!

Coelophysis

Dear "Hollow Form,"
Because of your hollow bones
and very long legs, your shape to us intones
that you were as fast as a flying machine!
But I hope you were careful, did not out of control careen,
zigging and zagging in the Triassic fast lane,
crashing from dashing without using your brain!

Querido lagarto de "Forma Hueca,"
Con tus largos y vacíos huesos
y con tus largas patas sin peso,
¡Pensamos que corrías como un Tren Expreso!
Y esperamos que acabaras de una pieza,
entre tus vecinos del Triásico con coraza,
zigzagueando sin usar tu cabeza!

Para S.

Parasaurolophus

Dear "Beside Lizard Crested," I am sorry
that of all the names under the sky so starry,
like ParaFred, ParaMary, ParaJoe, and ParaSue,
we couldn't pick a more original name for you.

Querido "Próximo al Lagarto con Cresta," somos imperdonables
que entre los miles de nombres imaginables
como ParaLorenzo, ParaMaría, ParaAlberto, ParaCoral,
no pudiéramos encontrarte un nombre mas original.

Saurolophus

"Lizard Crested," "Lizard Crested,"
with that great big crest to your nose so nested,
did you often get congested, or
with the flu virus infested,
had to stay home from school since the teacher requested
that you not return until well and rested,
having at home hot pine-needle soup ingested
and medicine enough till thermometer suggested,
that your illness finally had been arrested,
and your return to school no longer could be protested?

"Lagarto Crestado," "Lagarto Crestado,"
fundidos cresta y nariz en tu estirpe
¿no te sentías congestionado?
¿no te daba catarro y gripe?
¿no te hacían quedarte en casa
por orden de tu profesora?
¿y tomar sopa de peras, pasas e higos,
hasta bajar la fiebre y sentir mejora?
¿y cuando el mal por fin se pasa,
volver al cole con tus amigos?

Megalodon

Your "giant tooth" was as big as my head,
your giant jaws when wide-open spread
were as big as my Dad is tall,
but with him by my side I'm not afraid at all.

Tu "diente gigante" como mi cabeza de grande,
tu mandíbula también, gigantesca se expande
eres tan alto como mi Papá,
pero con él a mi lado, nada me pasará.

Dimetrodon

"Two-Measure Teeth," your dentition,
like mine, contained two kinds of teeth,
some above your tongue and some beneath.
It's really quite a lovely addition
to your nonreptilian condition
that makes you different from
the dinosaur competition.

"Dientes de Dos Medidas," la vida nos trajo
dos tipos de dientes, arriba y abajo,
cada uno para hacer distinto trabajo.
Gracias a esta adición ventajosa,
ya no somos reptiles, sino otra cosa,
y nos distinguimos sin confusión
de los dinosaurios de este rincón.

Pteranodon

Your name means "winged and toothless"?!?!
That is descriptively ruthless!
Maybe the name of your paleontologist
was Barb A. Calva, whose etymologist
one sad day linguistically drawled,
"Barb, your name, quite literally, means
        bearded and bald!"

Te llaman "alado y desdentado"?!?!
¿No te parece un nombre despiadado?
Quizá fue venganza de tu paleontólogo,
Harry Bald, cuando un triste día
le dijera su traductor etimólogo:
"tu nombre, en inglés, "peludo calvo" se diría!"

Pachycephalosaurus

"Thick-Headed Lizard," your skull was ten inches thick
but your brain was quite small.
They say you were dumb as a brick.
but that you could smash a stone wall.
But I don't believe, no, not at all,
that that's how you used your bony-head trick.
I think you used those knobs as a sort of a call,
to attract a good mate with whom you could stick
in good times and bad, through thin and through thick!

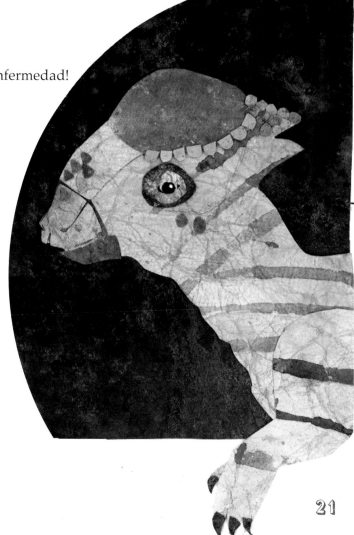

"Lagarto de Cabeza Dura," tu cráneo, un palmo de grosor,
y por dentro un cerebro diminuto.
Por estas dos cualidades, sin pudor,
te imaginaron brutote y poco astuto.
Pero yo no creo que fueras un simplón,
rompeparedes, romperocas, peleón.
Creo que usabas tu osamenta, en verdad,
para atraer a tu pareja y jurarle lealtad,
y protegerla de por vida ¡en la salud y en la enfermedad!

23

Triceratops

(To the tune of "Three Blind Mice")

"Three-Horned Face," "Three-Horned Face,"
See how they stand, see how they stand.
They all stand strong through a *T. rex* bite -
he chipped his tooth and got a fright -
Did you ever see such defense in your sight,
As a three-horned face?

(Al son de "Tres Ratones Ciegos")

"Tres Cuer-Nos," "Tres Cuer-Nos,"
En tu cara van, en tu cara van,
mordiscos de *T. rex* aguantarás -
Romperás su diente y le espantarás -
¿Qué mejor defensa tendrás,
que tres cuer-nos?

Tyrannosaurus rex

"Tyrant Lizard King," "Tyrant Lizard King,"
no surprise that you no longer rule;
your royal name no longer do they sing,
for eating your royal subjects wasn't very cool.

"Lagarto Tirano Rey," "Lagarto Tirano Rey,"
no me extraña que ya no impere tu ley;
tu real nombre ya nadie ensalza,
pues todos tus vasallos acabaron en tu panza.

Ankylosaurus

"Fused and stiff and crooked and bent
lizard," what a tough name for you we have sent.
Now extinct out in prehistoria,
where that armor hid your inner euphoria,
which I'm sure you must have felt, knowing as you did
that your insides, soft and squishy as a squid,
you'd protected - and from your foes had hid.

"Lagarto fusionado, rígido, torcido y doblado,"
qué nombre tan obtuso te hemos forjado.
En la prehistoria llegó tu extinción,
sin que tu armadura revelara tu pasión,
que seguro que sentiste, pues tenías que guardar,
tus entrañas suaves y blandas como las de un calamar,
y protegerlas de los predadores del lugar.

Velociraptor

"Swift Thief," swift indeed you were,
I bet the other dinos called you Sir!
With your eyes that could pierce the night,
at dusk you were a dino-mite!
Other beasts feared for their lives,
since you could kill five times your size.
But did you ever learn one day
that crime simply does not pay,
that should your thieving game ever fail,
you would certainly end up in jail,
and that you would become extinct
imprisoned in Cretaceous precinct?

"Ladrón Veloz," como nadie corredor,
¡apuesto a que todos te llamaban Señor!
Tus ojos atraviesan la noche mas oscura,
¡al atardecer eras el amo de la espesura!
Para salvar sus vidas y evitar daño,
huían bestias hasta cinco veces tu tamaño!
¿No aprendiste, por fín, un buen día
que el crimen no serviría,
sino para cazarte con las manos en la masa?
¿para hacer de una cárcel tu nueva casa,
donde acabarías por extinguirte,
aprisionado en el Cretáceo sin poder irte?

Ornitholestes

"Bird Robber," about you we know very little,
having just a few of your bones - and those were brittle!
So, I say that a new name we should invent
because until proven guilty you're still innocent.

"Ladrón de Pájaros," de ti muy poco sabemos,
pues sólo conocemos tus huesos de gran fragilidad.
¿Mi opinión? Que un nombre nuevo te inventemos,
que eres inocente hasta que se demuestre tu culpabilidad.

Deinonychus

"Terrible Claw," I'll say!
Terribly dangerous indeed!
What will you do - if one terrible day -
a terrible itch to scratch you need?

Con tu "Terrible Espolón"
¡aterrorizas sin discriminación!
¿Cómo harás el día - pienso con horror -
en que tengas que rascarte un picor?

Diplodocus

Your skeleton had a "double beam,"
those chevron bones a team,
a long-neck-supporting scheme,
useful back in Jurassic steam
to reach far and wide in forests green,
or down to drink from a cool flowing stream,
or over to lick just a little bit
of your best friend's ice cream.

"Viga Doble" por esqueleto,
huesos en 'V', un gran acierto,
para soportar tu largo cuello,
y escapar del Jurásico suelo,
para alcanzar la copa de los pinos.
o beber de arroyos frescos cristalinos,
o sentarte con tu amigo a tu lado,
y disimuladamente quitarle su helado.

Anatosaurus

We named you "Duck Lizard," it's true,
because, I guess, you have a duckbill too,
but ducks don't really have much to do with you
since you didn't fly, swim, squawk, or quack,
but still, now that you're as gone as the color black,
I do wish that one day you could come back.

"Lagarto Pato," te nombran por tu boca,
similar a la de pato, ganso u oca,
aunque el resto de ti se parece poco,
que ni nadas, ni te zambulles, ni vuelas tampoco.
Aunque os extinguísteis tú y tu gente,
desearía que volvieras al presente.

Dilophosaurus

"Two-Crested Lizard," goodness gracious,
don't you think it's ostentatious
to don two crests on a head so spacious?
You and vain-named *Compsognathus*
are outrageous, goodness gracious.

⌐

"Largarto de Doble Cresta," que impresión
¿no te parece una gran ostentación
el lucir dos crestas en tu gran cabezón?
Tú y el presumido *Compsognathus*
vais causando tremenda conmoción.

Corythosaurus

"Helmet Lizard," what a beautiful headdress!
I bet your mates-to-be it really did impress.
I can just picture them standing there
admiring you, who without a care,
would use your elegant and toothless beak
to pick and choose the foods you seek,
like seeds and fruits and cycad sprigs,
conifers, ginkgos, magnolia twigs.
With your hundreds of back teeth you would chew,
while hundreds of suitors doted on you.

⌐

"Lagarto con Casco," ¡testamenta impresionante!
Me imagino a tus pretendientes ahí delante,
admirando tu cabeza portentosa
embobados sin pensar en otra cosa.
Viéndote escoger el manjar más rico
fruta, piñón o semilla
todo te sienta de maravilla.
Porque con cientos de dientes en acción
tus cientos de admiradores no te dan indigestión.

Allosaurus

Dear "Different Lizard,"
Some of us have brown hair
and some blond, some dark skin and others fair.
Don't feel bad, don't think it unfair,
that compared to your Jurassic friends down there,
you did not the same kind of vertebrae share,
and maybe even a different colored skin did wear.
Do not worry how your bodies compare:
what's really important is how, for each other, we care.

Estimado "Lagarto Distinto,"
Unos tenemos pelo rubio, otros oscuro o castaño,
y piel de un color u otro, y distinto tamaño.
No pienses que es injusto ni extraño,
que comparado con tus amigos del Jurásico,
tus vértebras sean de un tipo especial y auténtico,
y quizá hasta tu piel sea de un tono raro y único.
 No te preocupe tener un aspecto diferente:
 lo importante es que nos protejamos mutuamente

Baryonyx

"Heavy Claw," "Heavy Claw,"
the biggest claw I ever saw.
If I were a fish I'd only wish:
Keep me off your dinner dish!

"Espolón Pesado," "Espolón Pesado"
Uña más grande nunca se ha hallado.
Si fuera pez, mi deseo inmediato:
¡que jamás me pusieras en tu plato!

Ichthyosaurus

"Fish Lizard," if your 6-foot and 200-pound
carnivorous body ever was found
hooked by me, line wound around
my reel, heels dug deep in the ground,
I'd pull you right in, and all my friends I'd astound!

Con 2 metros y 100 kilos, "Pez Largarto" del mar,
carnívoro que quisiera encontrar,
si cayeras en el anzuelo de mi caña de pescar
con pics firmes en el suelo, te habría de sacar,
poner en mi cesta... ¡y a mis amigos impresionar!

Pterodactylus

Oh, "Winged Finger," would that my finger
were winged too! Then I could linger
on high with you, and with a cloud
could my boring legs enshroud,
and winged also make my feet to be
so that farther than ever I would see!
Oh, if only I had some wings on me!

⬮

"Dedo Alado," cuánto quisiera tener
yo también un dedo alado
para jugar y volar a tu lado
y sentarme en la nube y poder
contemplar el horizonte majestuoso,
mirar todo desde arriba tan hermoso,
si tuviera un dedo alado portentoso.

Archaeopteryx

"Ancient Wing,"
could you bring
me on a fling?
We'll swing and we'll zing
way beyond *T. king*.
To the ground he'll cling,
with envy he'll sting
while sweet songs of spring
to the warm air we'll sing.
What a beautiful thing
to ride your ancient wing.

⬮

"Ala Ancestral,"
Me puedes llevar
a dar una vuelta
por este lugar?
A bailar por los aires,
a *T. rex* saludar.
Que la envidia le pique
pues no puede volar.
Y la brisa primaveral
nos acompañará al cantar,
grandiosa "Ala Ancestral."

Ornithomimus

"Bird Mimic," I'm with you,
I want to mimic birds too.
In fact, once from a wall up high,
I broke my arm trying to fly!

"Imitador de Pájaros," yo también sentí,
deseo de volar como un ave por el viento.
Pero por desgracia, en mi último intento,
Me caí del muro ¡y un codo me rompí!

Pterosaur

"Winged Lizard," fly to the skies,
I'll meet you there after closing my eyes
and saying to the ground and the day
my last, sweet good-byes.

"Lagarto Alado," vuela alto hasta desaparecer,
tras una nube te imagino todavía,
y lamento a la tierra, al final del día,
cuánto me dolió no volverte a ver.

GLOSSARY of Technical Terms and Prehistoric Creatures

Etymology (etymon- true + -ology science or study): The study of the roots and history of a word and its meanings. Etymologist: A person who studies the roots and history of words and their meanings.

GLOSARIO de Terminología Técnica y Animales Prehistóricos

Etimología (etymon- verdadero + -ología, ciencia o estudido): El estudio de los orígenes e historia de una palabra y su significado. Etimólogo: persona que estudia los orígenes de las palabras y su significado.

TECHNICAL TERMS
That you'll find in the pages that follow...

Diet (dieta- mode of life): The food that one regularly eats.

> **Carnivorous** (carni- flesh + -vorus devouring): Eating animal flesh. Carnivore: An animal that eats flesh.

> **Herbivorous** (herba- grass + -vorus devouring): Eating plants. Herbivore: An animal that eats plants.

> **Insectivorous** (insect + vorus devouring): Eating insects. Insectivore: An animal that eats insects.

> **Omnivorous** (omnis- all + -vorus devouring): Eating all kinds of food (eating both plants and animals). Omnivore: An animal that eats this way.

> **Piscivorous** (piscis- fish + -vorus devouring): Eating fishes. Piscivore: an animal that eats fishes.

Locomotion (loco- place + -motion): The action of moving from one place to another.

> **Aerial** (aerius- air): Occurring in the air, flying.

> **Aquatic** (aqua- water): Occurring in or around water, swimming.

> **Bipedal** (bi- two + -ped foot): Two-footed, using two (hind) feet for walking or running. Biped:An animal that moves about this way.

> **Quadrupedal** (quadru- four + -ped foot): Four-footed, using all four feet for walking or running. Quadruped: An animal that moves about this way.

Paleontology (palaeo- ancient + -onto- being or living things + -ology science or study): The science of ancient life as revealed by fossils. Paleontologist: A scientist who studies paleontology.

TERMINOLOGIA TECNICA
Que aparacerán en las páginas siguientes…

Dieta (dieta- modo de vida): La comida que uno consume normalmente.

> **Carnívoro** (carni- carne + -vorus devorador): Que se alimenta de carne animal.

> **Herbívoro** (herba- vegetal + -vorus devorador): Que se alimenta de plantas.

> **Insectívoro** (insect insecto + vorus devorador): Que se alimenta de insectos.

> **Omnívoro** (omnis- todo + -vorus devourador): Que se alimenta de animales y vegetales.

> **Piscívoro** (piscis- pez + -vorus devourador): Que se alimenta de peces.

Locomoción (loco- lugar + -motion movimiento): la acción de moverse de un lugar a otro.

> **Aéreo** (aerius- aire): En el aire, volador.

> **Acuático** (aqua- agua): En el agua o cerca de ella, nadador.

> **Bípedo** (bi- dos + -ped pié): Animal que camina o corre usando las dos patas traseras.

> **Cuadrúpedo** (quadru- cuatro + -ped pié): Animal que camina o corre usando las cuatro patas.

Paleontología (palaeo- antiguo + -onto- cosas o seres vivos + -ology ciencia): La ciencia que estudia la vida pre-histórica a través de los fósiles. Paleontólogo: persona que estudia la Paleontología.

PREHISTORIC CREATURES
ANIMALES PREHISTORICOS

Allosaurus (AL-uh-sawr-us)
Name meaning: "Different Lizard" (allos- different + -sauros lizard)
Locomotion: Bipedal
Diet: Carnivorous
Interesting note: *Allosaurus* was so named because its vertebrae were different from those of most other dinosaurs.

Allosaurus
Significado del nombre: "Lagarto Diferente" (allos- diferente + -sauros lagarto)
Locomoción: Bípedo
Dieta: Carnívoro
Nota de interés: El nombre del *Allosaurus* fue elegido porque sus vértebras eran diferentes a las de la mayoría de los dinosaurios.

Anatosaurus (ah-NAT-uh-sawr-us)
Name meaning: "Duck Lizard" (anatos- duck + -sauros lizard)
Locomotion: Bipedal and Quadrupedal
Diet: Herbivorous
Interesting note: The name *Anatosaurus* is no longer a valid scientific name, and this dinosaur is now considered to be *Edmontosaurus* (also a duckbill). Unlike many dinosaurs, whose fossils have been found only in bits and pieces, this is one of the best-known dinosaurs because many fossils of near-complete skeletons and skin impressions have been found. Despite its name, which was given because of its duckbill, paleontologists think that it lived on land, not in the water.

Anatosaurus
Significado del nombre: "Lagarto Pato" (anatos- pato + -sauros lagarto)
Locomoción: Bípedo y Cuadrúpedo
Dieta: Herbívoro
Nota de interés: El nombre del *Anatosaurus* ya no se considera válido, estos dinosaurios ahora se consideran dentro del grupo de los *Edmontosaurus* (también con pico de pato). Al contrario que muchos dinosaurios, cuyos fósiles se han descubierto en pequeños fragmentos, este es uno de los dinosaurios que mejor se conoce, puesto que hay muchos fósiles de esqueletos casi completos y de impresiones de piel. A pesar de su nombre, que refleja su pico de pato, los paleontólogos piensan que este dinosaurio era terrestre, no acuático.

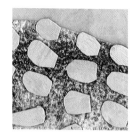

Ankylosaurus (ang-KEY-luh-sawr-us)
Name meaning: "Fused, Stiff, Crooked, Bent Lizard" (ankylos- fused or stiff or crooked or bent + -sauros lizard)
Locomotion: Quadrupedal
Diet: Herbivorous
Interesting note: *Ankylosaurus* has often been compared to a tank, because of the many bony plates and knobs that were embedded in its thick leathery skin. Its tail included a massive club that paleontologists think may have been used for clubbing attackers.

Ankylosaurus
Significado del nombre: "Lagarto Fusionado, Rígido, Torcido y Doblado" (ankylos- fusionado o rígido o torcido o doblado + -sauros lagarto)
Locomoción: Cuadrúpedo
Dieta: Herbívoro
Nota de interés: El *Ankylosaurus* se ha comparado a veces a un tanque, debido a todas las placas y piezas óseas embebidas en su dura piel. Su cola incluía una enorme maza que los palentólogos pensaban que podría haber servido para defenderse de sus predadores.

Archaeopteryx (ar-kee-OP-ter-ix)
Name meaning: "Ancient Wing" (archaio- ancient + -pteryx wing)
Locomotion: Bipedal and Aerial
Diet: Insectivorous
Interesting note: *Archaeopteryx* was named "Ancient Wing" because it is the oldest known bird. With long feathers forming broad wings, it could probably fly, but paleontologists wonder how well or how far. The first *Archaeopteryx* fossil ever found is in London's Natural History Museum and is perhaps the most valuable fossil in the world.

Archaeopteryx
Significado del nombre: "Ala Antigua" (archaio- antiguo + -pteryx ala)
Locomoción: Bípedo y Volador
Dieta: Insectívoro
Nota de interés: El *Archaeopteryx* se llama así porque es el pájaro más antiguo que se conoce. Puesto que tenía anchas alas con plumas, probablemente podía volar, aunque los paleontólogos se preguntan si podían volar bien o si podían volar lejos. El primer *Archaeopteryx* fósil que se descubrió está en el Museo de Historia Natural de Londres y es posiblemente el fósil más valioso del mundo.

Baryonyx (bear-ee-ON-iks)
Name meaning: "Heavy Claw" (barus- heavy + -onyx claw or nail)
Locomotion: Bipedal
Diet: Piscivorous
Interesting note: *Baryonyx* was first discovered by an amateur fossil hunter who found an enormous claw in a clay pit in southern England, so it was named after these claws (which were up to 14 inches long!). Two features of *Baryonyx* are similar to modern animals: the claw may have been used to hook fish out of the water like Grizzly bears do today, and their jaws were similar to the jaws of today's crocodiles, helping them hold on to their slippery catch.

Baryonyx
Significado del nombre: "Espolón Pesado" (barus- pesado + -onyx uña o espolón)
Locomoción: Bípedo
Dieta: Piscívoro
Nota de interés: *Baryonyx* fue descubierto por un cazador aficionado a los fósiles que encontró un enorme espolón en un pozo de arcilla en el sur de Inglaterra. Por lo tanto, eligió un nombre que reflejaba su enorme espolón de hasta 14 pulgadas (35 cm) de largo. Dos características de *Baryonyx* lo asimilan a algunos animales actuales: el espolón pudo haberles servido para atrapar peces y sacarlos del agua, igual que hacen los osos Grizzly hoy en día, y sus mandíbulas, similares a las mandíbulas de los cocodrilos actuales, probablemente les ayudaban a retener a sus presas resbaladizas.

Coelophysis (see-lo-FISE-iss)
Name meaning: "Hollow Form" (coelo- hollow + -physis form or nature)
Locomotion: Bipedal
Diet: Carnivorous
Interesting note: *Coelophysis* was a very small dinosaur, only 3 feet tall (shorter than the longest horn of *Triceratops*!) and weighing only 100 pounds. Its hollow bones may have made it a very fast little runner!

Coelophysis
Significado del nombre: "Forma Hueca" (coelo- hueco + -physis forma)
Locomoción: Bípedo
Dieta: Carnívoro
Nota de interés: *Coelophysis* era un dinosaurio muy pequeño, de solo 3 pies (1 metro) de alto, es decir ¡más pequeño que el cuerno largo de *Triceratops*! y seguramente menos de 10 libras (5 kg) de peso. Sus huesos huecos seguramente ayudaron a que fuera un corredor veloz.

Compsognatus (komp-sog-NAY-thus)
Name meaning: "Elegant Jaw" (kompsos- elegant + -gnathos jaw)
Locomotion: Bipedal
Diet: Carnivorous
Interesting note: *Compsognatus* was so named because of the light construction of its jaw. In fact, the whole body was relatively light - probably weighing less than 10 pounds, one of the smallest dinosaurs known!
(Referred to in *Dilophosaurus* poem)

Compsognatus
Significado del nombre: "Mandíbula elegante" (kompsos- elegante + -gnatos mandíbula)
Locomoción: Bípedo
Dieta: Carnívoro
Nota de interés: El *Compsognatus* se llamó así por la construcción ligera de su mandíbula. De hecho, su cuerpo entero era relativamente ligero, pesando seguramente menos de 5 kg. Es uno de los dinosaurios más ligeros que se conoce.
(Se menciona en el poema de *Dilophosaurus*)

Corythosaurus (ko-RITH-uh-sawr-us)
Name meaning: "Helmet Lizard" (korythos- helmet or crest + -sauros lizard)
Locomotion: Bipedal and Quadrupedal
Diet: Herbivorous
Interesting note: *Corythosaurus* had a toothless beak attached to jaws that contained hundreds of grinding teeth that chewed the seeds, fruits, leaves, or twigs that were plucked by the beak. The crest of *Corythosaurus* probably served to act as a sounding device.

Corythosaurus
Significado del nombre: "Lagarto con casco" (korythos- cresta o casco + -sauros lagarto)
Locomoción: Bípedo y Cuadrúpedo
Dieta: Herbívoro
Nota de interés: El *Corythosaurus* tenía un pico sin dientes pegado a una mandíbula que tenía cientos de dientes con los cuales masticaba semillas, frutos secos y ramitas que cortaba con el pico. La cresta del *Corythosaurus* seguramente le servía para oler y para producir sonidos.

Deinonychus (dyne-ON-ik-us)
Name meaning: "Terrible Claw" (deinos- terrible + -onchyos claw)
Locomotion: Bipedal
Diet: Carnivorous
Interesting note: *Deinonychus* probably hunted in groups and used the terrible claw on its foot to slash open prey much larger than itself.

Deinonychus
Significado del nombre: "Espolón Terrible" (deinos- terrible + -onchyos espolón)
Locomoción: Bípedo
Dieta: Carnívoro
Nota de interés: *Deinonychus* seguramente cazaba en grupo y usaba su terrible espolón para cortar o atravesar a presas incluso mayores que él mismo.

Dilophosaurus (dye-LO-fuh-sawr-us)
Name meaning: "Two-Crested Lizard" (di- two + -lopho- crest + -sauros lizard)
Locomotion: Bipedal
Diet: Carnivorous
Interesting note: One of the earliest of the large carnivorous dinosaurs, *Dilophosaurus* had a skull that was unusual compared with other dinosaurs of the same period. Paleontologists think that the double-crested skull may have been used by one gender or the other to attract mates. Although featured in the film *Jurassic Park* as having a retractable neck frill and spitting poison, there is little to no evidence that this was the case. In fact, the author of the film's novel, Michael Crichton, acknowledges using creative license in those two fictitious additions.

Dilophosaurus
Significado del nombre: "Lagarto de Dos Crestas" (di- dos + -lopho- cresta
+ -sauros lagarto)
Locomoción: Bípedo
Dieta: Carnívoro
Nota de interés: El *Dilophosaurus*, uno de los dinosaurios carnívoros mayores que se descubrieron, tenía un cráneo poco usual comparado con los de otros dinosaurios de la misma época. Los paleontólogos piensan que el cráneo de doble cresta pudo haber servido para atraer a sus parejas. Aunque en la película "Parque Jurásico" aparecen con una cresta retráctil y con capacidad de escupir veneno, prácticamente no hay pruebas que apoyen la existencia de estas dos facultades. De hecho, el autor de la novela, Michael Crichton reconoce que usó licencias creativas para estas dos añadiduras ficticias.

Dimetrodon (dye-MET-ruh-don)
Name meaning: "Two-Measure Teeth" (di- two + -metron- measure + -odon tooth)
Locomotion: Quadrupedal
Diet: Carnivorous
Interesting note: Not a dinosaur, *Dimetrodon* was a distant cousin to mammals. It's named "two-measure teeth" because it had two different sizes or types of teeth: sheering teeth and cutting teeth. It also had a sail, 2-4 feet high, along its back that probably served functions similar to the plates of *Stegosaurus*: to control body temperature or to attract or deter other animals.

Dimetrodon
Significado del nombre: "Dientes de Dos Medidas" (di- dos + -metron- medida + -odon diente)
Locomoción: Cuadrúpedo
Dieta: Carnívoro
Nota de interés: *Dimetrodón* no es un dinosaurio, era un ancestro de reptiles parecidos a mamíferos. Se llama "diente de dos medidas" porque, al contrario de lo que se observaba en casi todos los reptiles (pero al igual que en los humanos), *Dimetrodón* tenía dos tipos distintos de dientes: dientes para desgarrar y dientes para cortar. También tenían una cresta de 2-4 pies de altura (alrededor de 1 metro), a lo largo de su espalda que seguramente tenía una función parecida a la de las placas del *Stegosaurus*: para controlar la temperatura del cuerpo y para atraer o ahuyentar a otros animales.

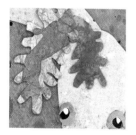

Diplodocus (dih-PLOD-uh-kus)
Name meaning: "Double Beam" (diplos- double + -dokos beam)
Locomotion: Quadrupedal
Diet: Herbivorous
Interesting note: *Diplodocus* was so named because of its unusual tail structure that includes double-beamed or Y-shaped bones under its tail vertebrae. Nearing 100 feet, it was also regarded as one of the longest dinosaurs, but recent discoveries have uncovered that other long-necked dinosaurs may have reached 150 feet in length!

Diplodocus
Significado del nombre: "Viga Doble" (diplos- doble + -dokos viga)
Locomoción: Cuadrúpedo
Dieta: Herbívoro
Nota de interés: El *Diplodocus* se llamó así por la estructura especial de su cola, que incluía vértebras con forma de Y o "viga doble." Se considera el dinosaurio más largo que existió, de longitud mayor a los 100 pies (30 metros).

Ichthyornis (ik-thee-ORN-iss)
Name meaning: "Fish Bird" (ichthy- fish + -ornis bird)
Locomotion: Aerial
Diet: Piscivorous
Interesting note: *Ichthyornis* was probably similar to today's seagull. And because birds evolved from a small meat-eating dinosaur, *Ichthyornis* is a dinosaur!

Ichthyornis
Significado del nombre: "Pez Pájaro" (ichthy- pez + -ornis pájaro)
Locomoción: Volador
Dieta: Piscívoro
Nota de interés: *Ictiornis* seguramente se parecía a una gaviota. Puesto que las aves descendieron de un dinosaurio carnívoro, el *Ictiornis* es un dinosaurio.

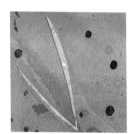

Ichthyosaurus (ik-thee-uh-SAWR-us)
Name meaning: "Fish Lizard" (ichthy- fish + -sauros lizard)
Locomotion: Aquatic
Diet: Carnivorous
Interesting note: Fossils of *Ichthyosaurus* have been found with baby fossils inside them, which means that, unlike modern fish, these marine reptiles probably gave birth to live young. Although it is a reptile, *Ichthyosaurus* is not a dinosaur."

Ichthyosaurus
Significado del nombre: "Pez Lagarto" (ichthy- pez + -sauros lagarto)
Locomoción: Acuático
Dieta: Carnívoro
Nota de interés: Dentro de ciertos fósiles de Ictiosaurus han aparecido bebés de Ictiosaurus, lo cual indica que al contrario que los peces actuales que ponen huevos, estos reptiles marinos daban a luz a sus crías. Aunque es un reptil, el *Ichthyosaurus* no es un dinosaurio.

Maiasaura (mah-ee-ah-SAWR-uh)
Name meaning: "Mother Lizardess" (maia- mother + -saura female dinosaur)
Locomotion: Bipedal and Quadrupedal
Diet: Herbivorous
Interesting note: *Maiasaura* fossils were, like *Oviraptor* fossils, found near nests, but these nests were in large groups and were filled with fossils of not only eggs and egg shells but also of young *Maiasaura* dinosaurs. This find made paleontologists think that *Maiasaura* stayed together to protect their young.

Maiasaura
Significado del nombre: "Madre Lagarta" (maia- madre + -saura lagarto hembra)
Locomoción: Bípedo y Cuadrúpedo
Dieta: Herbívoro
Nota de interés: Los fósiles de Maiasaura, al igual que los de *Oviraptor*, aparecieron cerca de nidos, pero en el caso de *Maiasaura* eran muchos nidos y contenian fósiles de jóvenes *Maiasauras*, lo que hizo pensar a los paleontólogos que los *Maiasauras* vivían en grupo para proteger a sus crías.

Megalodon (MEG-uh-LO-don or MEG-luh-don)
Name meaning: "Giant Tooth" (megalo- very large or giant + -odon tooth)
Locomotion: Aquatic
Diet: Carnivorous
Interesting note: Not a dinosaur, this shark likely grew to be 50-60 feet long, which is even bigger than *Tyrannosaurus rex*, and the open jaws were so wide that a grown man could walk right into its mouth without bumping his head! This terrifying shark lived well after the age of dinosaurs.

Megalodon
Significado del nombre: "Diente Gigante" (megalo- enorme, gigantesco + -odon diente)
Locomoción: Acuático
Dieta: Carnívoro
Nota de interés: Aunque no es realmente un dinosaurio, este reptil marino seguramente llegó a medir 50-60 pies (17-20 metros), es decir, era mayor incluso que *Tyrannosaurus rex*. ¡Sus mandíbulas abiertas eran tan grandes que un hombre podia pasar por ellas sin tener ni que agacharse! Este tiburón aterrador vivió mucho después de que se extinguieran los dinosaurios.

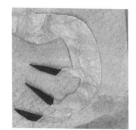

Ornitholestes (or-nith-o-LESS-teez)

Name meaning: "Bird Robber" (ornitho- bird + -lestes robber)
Locomotion: Bipedal
Diet: Carnivorous
Interesting note: Ornitholestes was so named because it was imagined to catch flying birds with its long-fingered, three-clawed hands. However, only very few fossils have been found, so paleontologists don't really know for certain that it deserves its accusatory name!

Ornitholestes

Significado del nombre: "Ladrón de Pájaros" (ornitho- pájaro + -lestes ladrón)
Locomoción: Bípedo
Dieta: Carnívoro
Nota de interés: Al Ornitholestes le pusieron este nombre porque se imaginaban que cazaba reptiles voladores con sus manos de largos dedos con espolones. Sin embargo, se han encontrado muy pocos fósiles de Ornitholestes, así que los paleontólogos no saben si realmente merece este nombre acusatorio.

Ornithomimus (or-nith-uh-MY-mus)

Name meaning: "Bird Mimic" (ornitho- bird + -mimos imitator)
Locomotion: Bipedal
Diet: Omnivorous
Interesting note: Ornithomimus was named "Bird Mimic" because its shape was like that of today's ostrich. Although it could not fly, it was probably a very fast runner, again like the ostrich.

Ornithomimus

Significado del nombre: "Imitador de Pájaros" (ornitho- pájaro + -mimos imitador)
Locomoción: Bípedo
Dieta: Omnívoro
Nota de interés: El nombre de Ornithomimus se le dio porque este animal tenía el mismo aspecto que un avestruz moderno. Aunque no podía volar, seguramente era un corredor muy veloz, al igual que el avestruz.

Oviraptor (o-vee-RAP-ter)
Name meaning: "Egg Thief" (ovi- egg + -raptor robber or thief)
Locomotion: Bipedal
Diet: Omnivorous
Interesting note: Oviraptor was named "Egg Thief" because the first fossils were found near a nest of eggs and paleontologists thought it was there to steal and eat the eggs. However, other fossils were later found near nests of Oviraptor eggs, making paleontologists think that maybe it was there to protect its own eggs, not to steal the eggs of other dinosaurs. Still the guilty name remained!

Oviraptor
Significado del nombre: "Ladrón de Huevos" (ovi- huevo + -raptor ladrón)
Locomoción: Bípedo
Dieta: Omnívoro
Nota de interés: Oviraptor recibió este nombre porque los primeros fósiles aparecieron cerca de un nido de huevos y los paleontólogos pensaron que estaba allí para robar los huevos y comérselos. Sin embargo, posteriormente los fósiles de otros animales aparecieron cerca de los nidos de Oviraptor, lo cual hizo pensar a los paleontólogos que quizá los Oviraptor estaban defendiendo sus propios huevos, no robando los huevos de otros. En cualquier caso, el nombre acusatorio prevaleció.

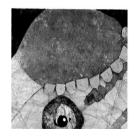

Pachycephalosaurus (pak-ee-SEF-uh-lo-sawr-us)
Name meaning: "Thick-Headed Lizard" (pachy- thick or massive + -cephalos- head + -sauros lizard)
Locomotion: Bipedal
Diet: Herbivorous
Interesting note: Paleontologists used to think that Pachycephalosaurus used its thick knobby skull to ram other dinosaurs head-on, but some now think that this is unlikely, since the curved spine would not have supported such ramming and none of the skull fossils found so far have shown any evidence of ram injuries. More likely, they used their head, with its smooth top and knobby sides to attract mates.

Pachycephalosaurus
Significado del nombre: "Lagarto de Cabeza Dura" (pachy- duro o masivo + -cephalos- cabeza + -sauros lagarto)
Locomoción: Bípedo
Dieta: Herbívoro
Nota de interés: Los paleontólogos pensaban que los *Pachycephalosaurus* usaban su masivo cráneo para embestirse entre ellos. Sin embargo, ahora no piensan que fuera así porque su espina dorsal curvada no hubiera soportado embestidas y porque ningún cráneo fósil presenta heridas provocadas portales golpes. Es mucho más probable que usaran su cabeza para atraer a posibles parejas.

Parasaurolophus (par-ah-sawr-OL-uh-fus)

Name meaning: "Beside Crested Lizard" (para- beside + -sauros- lizard + -lopho crest)

Locomotion: Bipedal or Quadrupedal

Diet: Herbivorous

Interesting note: Like *Saurolophus*, *Parasaurolophus* had a hollow crest atop its skull, but the crest of *Parasaurolophus* was a hollow tube that was much longer (up to 6 feet!) and paleontologists think it may have been used as an echo chamber to make loud sounds or calls.

Parasaurolophus

Significado del nombre: "Próximo al Lagarto con Cresta" (para- parecido, próximo a + -sauros- lagarto + -lopho cresta)

Locomoción: Bípedo o Cuadrúpedo

Dieta: Herbívoro

Nota de interés: Al igual que el *Saurolophus*, el *Parasaurolophus* tenía una larga cresta hueca en la parte superior de su cráneo, pero la cresta del *Parasaurolophus* era un tubo hueco mucho más largo [¡de hasta 6 pies (2 metros)!] que según piensan los paleontológos, podía haber servido para hacer ruidos fuertes o llamadas.

Pteranodon (tair-AN-o-don)

Name meaning: "Winged and Toothless" (ptero- wing + -a- without + -odon tooth)

Locomotion: Aerial

Diet: Piscivorous

Interesting note: *Pteranodon* was a winged reptile, not a dinosaur. Because complete fish skeleton fossils have been found within the stomach area of *Pteranodon* fossils, paleontologists think that these ancient flying reptiles used their toothless beak to scoop up and swallow fish whole. It also had a crest that paleontologists think was maybe used both to attract mates and to serve as a rudder during flight.

Pteranodon

Significado del nombre: "Alado y Desdentado" (ptero- ala + -a- sin + -odon diente)

Locomoción: Acuático

Dieta: Piscívoro

Nota de interés: El Pteranodon era un reptil alado, no un dinosaurio. Puesto que han aparecido esqueletos fósiles completos de peces dentro de los estómagos de los Pteranodontes, los palentólogos piensan que estos reptiles voladores usaban sus picos sin dientes para atrapar y tragarse a los peces enteros, sin masticar. Los Pteranodontes también tenían una cresta que los paleontólogos pensaban que podía haber servido para atraer a sus parejas y como timón durante el vuelo.

Pterodactylus (tair-uh-DAK-til-lus)
Name meaning: "Winged Finger" (ptero- wing + -daktylos finger)
Locomotion: Aerial
Diet: Piscivorous
Interesting note: This flying reptile was the first such animal to be discovered. It was named "Winged Finger" because each wing was supported by one very large finger.

Pterodactylus
Significado del nombre: "Dedo Alado" (ptero- ala + -daktylos dedo)
Locomoción: Acuático
Dieta: Piscívoro
Nota de interés: Este lagarto volador fue el primer animal de su clase que se descubrió. Se le llamó "Dedo Alado" porque la estructura de las alas estaba mantenida por un larguísimo dedo.

Pterosaur (TAIR-uh-sawr)
Name meaning: "Winged Lizard" (ptero- wing + -sauros lizard)
Locomotion: Aerial
Diet: Piscivorous
Interesting note: Pterosaur is the general name for the group of flying reptiles that includes *Pterodactylus* and *Pteranodon*.

Pterosaur
Significado del nombre: "Lagarto Alado" (ptero- ala + -sauros lagarto)
Locomoción: Volador
Dieta: Piscívoro
Nota de interés: El Pterosaurus es el nombre general de la familia de "Lagartos Alados" que incluye el *Pterodactylus* y el *Pteranodon*.

Saurolophus (sawr-OL-o-fus)
Name meaning: "Lizard Crested" (sauros- lizard + -lopho crest)
Locomotion: Bipedal
Diet: Herbivorous
Interesting note: The large pointy crest of *Saurolophus* had a hollow base that may have been used to help it breath or smell, or to make noises to call members of its own kind.

Saurolophus
Significado del nombre: "Lagarto con Cresta" (sauros- lagarto + -lopho cresta)
Locomoción: Bípedo
Dieta: Herbívoro
Nota de interés: La larga cresta puntiaguda del *Saurolophus* tenía varias cámaras que podían haberle ayudado a respirar y a oler, igual que la nariz humana.

Stegosaurus (STEG-uh-sawr-us)
Name meaning: "Plated Lizard" (stegos- covered or plated + -sauros lizard)
Locomotion: Quadrupedal
Diet: Herbivorous
Interesting note: Paleontologists think that the plates of *Stegosaurus* may have served several functions. One function may have been to defend against attack from above and to make *Stegosaurus* look bigger from the side. Another may have been to help regulate its temperature, since blood running through the plates could have been heated by the sun or cooled by the wind. Another could be for a showy display!

Stegosaurus
Significado del nombre: "Lagarto con Placas" (stegos- cubierto de placas o armadura + -sauros lagarto)
Locomoción: Cuadrúpedo
Dieta: Herbívoro
Nota de interés: Los paleontólogos piensan que las placas del *Stegosaurus* podían haber tenido varias funciones. Una función podía haber sido la de defenderle de ataques por la espalda y la de hacerle parecer más grande de lado. Otra función podría haber sido la de ayudarle a regular la temperatura, puesto que la sangre que circulaba por las placas se podía calentar por el sol o enfriar por viento. ¡O quizá le tenía una función ornamental!

Teratosaurus (teh-RAT-uh-sawr-us)
Name meaning: "Monster Lizard" (terato- monster + -sauros lizard)
Locomotion: Bipedal
Diet: Carnivorous
Interesting note: *Teratosaurus* had big, daggerlike monstrous teeth. Although it lived in the age of the dinosaurs, paleontologists have disagreed about whether it was a true dinosaur or not. It seems that - even though it was a large reptile - it was probably not a dinosaur.

Teratosaurus
Significado del nombre: "Lagarto Monstruo" (terato- monstruo + -sauros lagarto)
Locomoción: Bípedo
Dieta: Carnívoro
Nota de interés: Los *Teratosauros* tenían unos dientes enormes con forma de espada. Aunque vivieron al mismo tiempo que los dinosaurios, los paleontólogos no están de acuerdo sobre si los *Teratosauros* son realmente dinosaurios. Aunque era un reptil de gran tamaño, no parece que fuera un dinosaurio.

Triceratops (Try-SAIR-uh-tops)
Name meaning: "Three-Horned Face" (tri- three + -keras- horn + -ops face)
Locomotion: Quadruped
Diet: Herbivorous
Interesting note: The two top horns of *Triceratops* were the largest, measuring up to 3-4 feet long! These horns - together with its large solid frill, its thick beak-nose, and its tough skin - made *Triceratops* very difficult to attack.

Triceratops
Significado del nombre: "Cara con Tres Cuernos" (tri- tres + -keras- cuerno + -ops cara)
Locomoción: Cuadrúpedo
Dieta: Herbívoro
Nota de interés: Los dos cuernos superiores del *Triceratops* eran los más largos, llegando a medir hasta 3-4 pies (mas de 1 metro) de longitud. Estos cuernos, junto con la enorme pieza de adorno sólida de su cabeza, su nariz dura con forma de pico, y su piel dura, hacían que el *Triceratops* fuera muy difícil de atacar.

Troodon (TROO-o-don)
Name meaning: "Wounding Tooth" (troo- to wound + -odon tooth)
Locomotion: Bipedal
Diet: Omnivorous
Interesting note: The shape of the serrated teeth of *Troodon* made paleontologists think that it ate both plants and animals. It may have been smart enough to do this because it had one of the largest brains (relative to its body size) of any dinosaur.

Troodon
Significado del nombre: "Diente Hiriente" (troo- herir + -odon diente)
Locomoción: Bípedo
Dieta: Omnívoro
Nota de interés: Los paleontólogos piensan que los dientes serrados de *Troodon* le permitían comer tanto plantas como animales. Desde luego parecía tener suficiente inteligencia para esto, puesto que poseía uno de los cerebros mayores relativo al tamaño de su cuerpo de entre todos los dinosaurios.

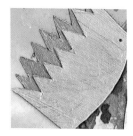

Tyrannosaurus rex (tye-RAN-uh-sawr-us reks)
Name meaning: "Tyrant Lizard King" (tyrannos- tyrant + -sauros lizard + rex king)
Locomotion: Bipedal
Diet: Carnivorous
Interesting note: Although *Tyrannosaurus* had massive hind legs, its fore legs were so short it couldn't even scratch its own chin!

Tyrannosaurus rex
Significado del nombre: "Rey Lagarto Tirano" (tyrannos- tirano + -sauros lagarto + rex rey)
Locomoción: Bípedo
Dieta: Carnívoro
Nota de interés: Aunque el *Tyrannosaurus* tenía unas patas traseras enormes y poderosas, sus patas delanteras eran tan cortas que no podía rascarse ni su propia barbilla.

Velociraptor (veh-loss-ih-RAP-tor)
Name meaning: "Swift Thief" (veloci- swift + -raptor robber or thief)
Locomotion: Bipedal
Diet: Carnivorous
Nota de interés: Although only the size of an average human, *Velociraptor* was a swift killer, often robbing much larger dinosaurs of their lives. Evidence of this behavior was found in a 1971 fossil in which *Velociraptor* and *Protoceratops* are locked in battle, *Velociraptor* with one claw gripping the head or neck of *Protoceratops* and the other sharp claw likely stabbing *Protoceratops* in the belly.

Velociraptor
Significado del nombre: "Ladrón Veloz" (veloci- veloz + -raptor ladrón)
Locomoción: Bípedo
Dieta: Carnívoro
Nota de interés: Aunque sólo tenía el tamaño de un humano, el *Velociraptor* era un cazador veloz, que con frecuencia quitaba la vida a dinosaurios mayores a sí mismo. Este comportamiento se hizo evidente en un fósil descubierto en 1971, en el cual un *Protoceratops* aparecía en batalla con un *Velociraptor* que tenía una garra sujetando la cabeza o el cuello de *Protoceratops* y la otra parecía estar atravesando el vientre del *Protoceratops*.

Etymologies (Name Meanings) from the *Oxford English Dictionary*, 3rd edition, Oxford University Press, 2007 and *The Illustrated Dinosaur Dictionary* by Helen R. Sattler, Lothrup, Lee & Shepard Books, 1983. An important visual reference was *First Dinosaur Encyclopedia* by Caroline Bingham, DK Publishing, 2007.

Steven Clark Cunningham was born in Denver, Colorado. After graduating from Creighton University with majors in Chemistry and Spanish, he attended medical school at George Washington University in Washington, DC. Having finished his residency in General Surgery at the University of Maryland in Baltimore, Maryland, he is currently doing a fellowship in surgery of the liver and pancreas at Johns Hopkins University.

He has served as a contributing editor of Maryland Poetry Review, and his poems have appeared in Maryland Poetry Review, The New Physician (winner of literary arts contest), Chimeras, WordHouse: Baltimore's Literary Calendar, the anthology Function At The Junction #2 (Electric Press, 1997), the cookbook Pasta Poetics, and the anthology Poems for Chromosomes.

Steven Clark Cunningham nació en Denver, Colorado. Después de licenciarse en Ciencias Químicas y en Español por la Universidad de Creighton, estudió Medicina en la Universidad de George Washington, en Washington, DC. Tras varios años de médico residente en Cirugía General en la Universidad de Maryland en Baltimore, está especializándose en cirugía del hígado y páncreas en la Universidad de Johns Hopkins.

Ha sido editor de la revista Maryland Poetry Review, y sus poemas han aparecido en Maryland Poetry Review, The New Physician (donde ganó un concurso de arte y literatura), Chimeras, WordHouse: Baltimore's Literary Calendar, así como en la antología Function At The Junction #2 (Electric Press, 1997), el libro de cocina Pasta Poetics y la antología Poems for Chromosomes.

Myriam Gorospe was born in San Sebastian, Spain. She received her Ph.D. in Biology from the State University of New York at Albany. She completed her postdoctoral training at the National Institutes of Health, and studies genes (some of the same genes that dinosaurs might have had!). She has broad experience translating between English and Spanish, ranging from scientific and technical documents to poetry and literature.

Myriam Gorospe nació en San Sebastián, España. Tras obtener su Doctorado en Biología por la Universidad del Estado de Nueva York en Albany continuó trabajo post-doctoral en los Institutos Nacionales de la Salud (National Institutes of Health) y ahora se dedica a estudiar genes (¡incluso algunos genes que los mismos dinosaurios pudieron tener!). Tiene amplia experiencia como traductora del inglés al español, tanto de documentos científicos y técnicos como de poesía y literatura.

Valeska Maria Populoh was born in Bad Lippspringe, Germany and after years of nomadism, now resides in Baltimore, Maryland. She is engaged in the community as a puppeteer, performer, artist, and teacher, dedicated to celebrating creativity, making joyful, enriching and colorful experiences available and accessible to others, and supporting youth in their endeavor to find their own creative voice.

Valeska Maria Populoh nació en Bad Lippspringe, Alemania. Después de varios años de nomadismo, ahora reside en Baltimore, Maryland. En su comunidad, trabaja con marionetas y como actriz, artista y profesora. Dedica su carrera profesional a la celebración de la creatividad, a hacer que la creatividad sea accesible a todos, a encontrar vías para que la creatividad nos enriquezca a todos, y a apoyar a los jóvenes en la búsqueda de sus propias voces creativas.